# George R. R. Martin

# Das Lied
# von Eis und Feuer

## Das offizielle Malbuch

Die amerikanische Originalausgabe erschien
unter dem Titel »*The official* A Game of Thrones *Coloring Book*«
bei Bantam Books, an Imprint of Random House,
a division of Penguin Random House LLC, New York.

Verlagsgruppe Random House FSC® N001967


1. Auflage
März 2016
bei Penhaligon, einem Unternehmen der Verlagsgruppe
Random House GmbH, München.
Copyright © 2015 by George R.R. Martin
Copyright © der deutschsprachigen Ausgabe 2016
by Verlagsgruppe Random House GmbH
Originaltext copyright © 1996, 1999, 2000, 2005, 2011 by George R.R. Martin
Umschlaggestaltung: Isabelle Hirtz, Inkcraft
Coloration: © Melanie Miklitza, Inkcraft
Umschlagillustration: Yvonne Gilbert
Die Textausschnitte erschienen ursprünglich auf Deutsch
in *Die Herren von Winterfell, Das Erbe von Winterfell,*
*Der Thron der Sieben Königreiche, Die Saat des goldenen Löwen,*
*Sturm der Schwerter, Die Königin der Drachen, Zeit der Krähen,*
*Die dunkle Königin, Der Sohn des Greifen, Ein Tanz mit Drachen*
bei Blanvalet und Penhaligon, Unternehmen der Verlagsgruppe
Random House GmbH, München.
Übersetzt von Jörn Ingwersen und Andreas Helweg
HK · Herstellung: sam
Satz: Uhl + Massopust, Aalen
Druck und Bindung: Print Consult GmbH, München
Printed in Slovakia
ISBN 978-3-7645-3155-3


www.penhaligon.de

# GEORGE R.R. MARTIN

# Das Lied von Eis und Feuer

## Das offizielle Malbuch

GRRM
— BY —
penhaligon

Jedes Adelsgeschlecht hatte seinen Sinnspruch. Familienmottos, Streichsteine, allerlei Gebete, die mit Ehre und Ruhm prahlten, Loyalität und Wahrheitsliebe versprachen, Treue und Mut schworen. Nicht so die Starks. *Der Winter naht* lauteten die Worte der Starks.

*-Die Herren von Winterfell*

Der Winter naht

Das Zelt des Königs stand nah am Wasser, und der morgendliche Dunst vom Fluss umschmückte es mit grauen Fetzen. Es war ganz aus goldener Seide, das größte und prächtigste im ganzen Lager. Vor dem Eingang stand Roberts Streithammer neben einem mächtigen Eisenschild, auf dem der gekrönte Hirsch des Hauses Baratheon prangte.

*-Die Herren von Winterfell*

Unser ist der Zorn

Auf einem goldenen Brustharnisch brüllte der Löwe von Lennister seine Verachtung heraus.

-Die Herren von Winterfell

Hört mich brüllen

Als der Irre König, Aerys II. Targaryen, ihre Köpfe forderte, hatte der Lord über Hohenehr lieber seine Banner mit Mond und Falke zur Revolte aufgenommen, als jene aufzugeben, die zu schützen er geschworen hatte.

-Die Herren von Winterfell

Hoch wie die Ehre

Von jeder Brustwehr wehte das Banner des Hauses Tully:
eine springende Forelle, silber, vor einem gewellten
blauroten Grund.

*-Das Erbe von Winterfell*

Fast die gesamte Ritterschaft des Südens war Renlys Ruf gefolgt. Überall sah man die goldene Rose von Rosengarten: auf der rechten Brust von Kriegern und Dienern, auf grünen Seidenbannern, die Lanzen und Piken zierten, auf den Schilden, die vor den Pavillons der Söhne und Brüder und Vettern und Onkel des Hauses Tyrell hingen.

*-Der Thron der Sieben Königreiche*

Hoch hinaus

Oben auf dem Seeturm wehte das Banner seines Vaters. Die *Myraham* war noch zu weit entfernt, daher konnte Theon nur die Fahne selbst erkennen, nicht aber das Wappen, das sie trug, welches er allerdings gut kannte: der goldene Krake des Hauses Graufreud, dessen Arme sich in schwarzem Feld verschlangen. Das Banner blähte sich an einem eisernen Mast und flatterte im Wind wie ein Vogel, der Mühe hat, sich in die Lüfte zu erheben.

*-Der Thron der Sieben Königreiche*

Wir säen nicht

Der Anführer der Dornischen ritt einen Hengst, der schwarz war wie die Sünde, Mähne und Schweif waren feuerrot. Er saß im Sattel, als wäre er dort geboren worden, aufrecht, schlank und elegant. Ein hellroter Seidenmantel flatterte um seine Schultern, und sein Wams war mit Reihen übereinanderliegender Kupferscheiben verstärkt, die wie tausend frisch geprägte Geldstücke glitzerten. Sein hoher vergoldeter Helm zeigte auf der Stirn eine Kupfersonne, und der runde Schild, den er hinter sich festgezurrt hatte, trug das Sonne-und-Speer-Wappen des Hauses Martell auf der polierten Metalloberfläche.

-Sturm der Schwerter

Ungebeugt, ungezähmt, ungebrochen

Sie waren sich an der Furt des Trident begegnet, während um sie herum die Schlacht tobte, Robert mit seinem Streithammer und dem großen Geweihhelm, der Targaryen ganz in schwarzer Rüstung. Auf seiner Brustplatte war der dreiköpfige Drache seines Geschlechts zu sehen, mit Rubinen überzogen, die im Sonnenlicht wie Feuer blitzten. Rot färbten sich die Fluten des Trident um die Hufe ihrer Rösser, als sie einander umkreisten und aufeinanderprallten, wieder und immer wieder, bis endlich ein berstender Hieb von Roberts Hammer den Drachen und die Brust darunter traf.

*-Die Herren von Winterfell*

Feuer und Blut

Zuerst war sein Hoher Vater gekommen, hatte die Königin begleitet. Sie war so schön, wie die Männer sagten. Eine juwelenbesetzte Tiara glitzerte inmitten ihres goldenen Haars, die Smaragde entsprachen perfekt dem Grün ihrer Augen.

*-Die Herren von Winterfell*

Es war nicht gerecht. Sansa hatte alles. Sansa war zwei Jahre älter. Vielleicht war nichts mehr übrig gewesen, als Arya zwei Jahre später zur Welt gekommen war. Oftmals erschien es ihr so. Sansa konnte nähen und tanzen und singen. Sie schrieb Gedichte. Sie wusste sich zu kleiden. Sie spielte die Harfe *und* das Glockenspiel. Schlimmer noch: Sie war schön.

*-Die Herren von Winterfell*

Ser Loras war der jüngste Sohn von Maes Tyrell, dem Lord von Rosengarten und Wächter des Südens. Mit sechzehn war er der jüngste Reiter auf dem Platz, doch hatte er am Morgen bei seinen ersten Kämpfen drei Ritter der Königsgarde aus dem Sattel gehoben. Nie zuvor hatte Sansa einen so schönen Mann gesehen. Seine Rüstung war kunstvoll verziert und als Strauß von tausend verschiedenen Blumen bemalt, und sein schneeweißer Hengst war mit einer Decke aus roten und weißen Rosen behängt.

*-Die Herren von Winterfell*

Viele nannten sie eine Schönheit. Doch sie war nicht schön.
Sie war rot, furchtbar und rot.

*-Der Thron der Sieben Königreiche*

In dieser Stadt geschieht nichts ohne Varys' Wissen. Oftmals weiß er es, *bevor* es geschieht. Er hat seine Informanten überall. Seine kleinen Vögel nennt er sie.

*-Die Herren von Winterfell*

Daario Naharis wirkte selbst für einen Tyroshi extravagant.

-*Die Königin der Drachen*

Vor ihnen zog der Elch mit gesenktem Kopf zwischen den Schneewehen hindurch, und sein riesiges Geweih war mit Eis verkrustet. Der Grenzer saß rittlings auf dem breiten Rücken, grimmig und schweigend. *Kalthand* hatte der fette Sam ihn genannt, weil das Gesicht des Grenzers so bleich war. Außerdem waren seine Hände schwarz und hart wie Eisen und auch so kalt wie das Metall.

*-Der Sohn des Greifen*

Viele davon waren dothrakische Reiterlords, große Männer
mit rotbrauner Haut, deren hängende Schnauzbärte mit metallenen
Ringen gebunden waren und deren schwarzes Haar geölt und
geflochten und mit Glöckchen behängt war.

*-Die Herren von Winterfell*

Hinter der Trommel marschierten Messingtiere zu viert neben-einander. Manche trugen Knüppel, andere Stöcke; alle trugen Falten-röcke, Ledersandalen und Mäntel, die aus quadratischen Stoffstücken in verschiedenen Farben zusammengesetzt waren, was die bunten Ziegel von Meereen symbolisieren sollte. Ihre Masken glänzten in der Sonne: Eber und Bullen, Falken und Reiher, Löwen und Tiger und Bären, Schlangen mit gespaltener Zunge und grauenhafte Basilisken.

*-Ein Tanz mit Drachen*

»Nördlich der Mauer sieht es anders aus. Dorthin sind die Kinder gegangen, und die Riesen und die anderen alten Rassen.«

*-Das Erbe von Winterfell*

»Bran, die Kinder des Waldes sind seit Tausenden von Jahren tot und begraben. Geblieben sind von ihnen nur die Gesichter an den Bäumen.«

*-Die Herren von Winterfell*

Im Süden waren die letzten Wehrholzbäume schon vor tausend
Jahren geschlagen oder niedergebrannt worden, nur nicht
auf der Insel der Gesichter, wo die Grünen Männer ihre stille
Wacht hielten. Hier oben war es anders. Hier hatte jede Burg
ihren Götterhain, jeder Götterhain hatte seinen Herzbaum und
jeder Herzbaum sein Gesicht.

*-Die Herren von Winterfell*

Für einen Jungen war Winterfell ein grauer steinerner Irrgarten aus Mauern und Türmen und Höfen und Tunneln, die sich in alle Richtungen ausbreiteten. In den älteren Teilen der Burg konnte man nie sicher sein, in welchem Stockwerk man sich gerade befand. Die Anlage war im Laufe von Jahrhunderten wie ein monströser, steinerner Baum gewachsen, so hatte Maester Luwin es ihm erklärt, und die Äste waren knorrig und dick und verdreht, die Wurzeln tief in die Erde eingegraben.

*-Die Herren von Winterfell*

Und über allem ragte der Rote Bergfried auf, blickte finster
von Aegons Hohem Hügel herab: sieben mächtige Rundtürme,
von eiserner Brustwehr gekrönt, ein riesenhaftes, grimmiges
Vorwerk, große Gewölbe und überdachte Brücken, Kasernen und
Verliese und Getreidespeicher, massive Zwischenmauern, besetzt
mit Nestern für Bogenschützen, alles aus hellem rotem Stein.

*-Die Herren von Winterfell*

Die Straße nach Osten hin war wilder und gefährlicher, führte durch felsiges Vorgebirge und dichte Wälder in die Mondberge hinauf, über hoch gelegene Pässe und tiefe Schluchten ins Grüne Tal von Arryn und zu den steinernen Fingern jenseits davon. Über dem Tal ragte hoch und uneinnehmbar Hohenehr auf, deren Türme nach dem Himmel griffen.

*-Die Herren von Winterfell*

»Sansa, würdest du gern einmal Rosengarten besuchen?«
Wenn Margaery Tyrell lächelte, ähnelte sie ihrem Bruder Loras
sehr. »Die Herbstblumen stehen jetzt in voller Blüte, und es
gibt Haine und Brunnen, schattige Höfe und Säulengänge aus
Marmor.«

-Sturm der Schwerter

Die Landspitze, auf der die Graufreuds ihre Festung errichtet hatten, hatte einst wie ein Schwert ins Meer geragt, allerdings hatten die Wellen, die hier Tag und Nacht anbrandeten, das Land bereits vor Tausenden von Jahren aufgebrochen und zerschmettert. Geblieben waren lediglich die drei kahlen und öden Inseln und ein Dutzend hohe Felstürme, die sich wie die Säulen des Tempels eines Meergottes erhoben, während um sie herum wütende Wogen schäumten.

*-Der Thron der Sieben Königreiche*

In Harrenhal würde es besser werden, versicherten sich die Gefangenen gegenseitig, allerdings war Arya sich dessen nicht so sicher. Sie erinnerte sich an die Geschichten der Alten Nan über die Burg, die auf Furcht erbaut worden war. Harren der Schwarze hatte Menschenblut in den Mörtel gemischt, erzählte die Alte Nan immer und senkte dabei die Stimme, sodass die Kinder sich vorbeugen mussten, um sie zu verstehen, aber Aegons Drachen hatten Harren und seine Söhne im Inneren der riesigen Steinmauern verbrannt.

*-Thron der Sieben Königreiche*

Trostlose Orte brauchten Licht, keine Ernsthaftigkeit, und Drachenstein war ohne Zweifel düster, diese einsame Zitadelle inmitten nasser Ödnis, von Stürmen und Salz umgeben und stets im Schatten des rauchenden Berges.

*-Der Thron der Sieben Königreiche*

Lediglich etwa zehn Meilen Küstenstraße trennten Sonnspeer
von den Wassergärten, trotzdem hatte man den Eindruck,
dass es sich um zwei unterschiedliche Welten handelte. Dort tobten
Kinder nackt in der Sonne, wurde in gefliesten Höfen Musik
gespielt, und in der Luft hing der scharfe Duft von Zitronen und
Blutorangen.

*-Fest der Krähen*

In der Septe fing sich das Morgenlicht im großen Kristall,
da es durch das südliche Fenster fiel, und breitete sich zu einem
Regenbogen auf dem Altar aus.

*-Das Erbe von Winterfell*

Die Kämpfe dauerten den ganzen Tag bis in die Dämmerung, und die Hufe der großen Streitrösser stampften die Bahnen entlang, bis der Platz nur noch eine zerfurchte Ödnis aus aufgerissener Erde war. Ein Dutzend Mal hatten Jeyne und Sansa gemeinsam aufgeschrien, als Reiter zusammenprallten, die Lanzen splitterten, während das gemeine Volk seinen Favoriten bejubelte. Jeyne hielt sich stets die Augen zu, wenn ein Mann stürzte, wie ein ängstliches, kleines Mädchen, doch Sansa war aus anderem Holz geschnitzt.

*-Die Herren von Winterfell*

»*Horcht!* Hört auf die Wellen! Hört auf euren Gott!
Er spricht zu uns, und er sagt: *Wir werden keinen anderen
König annehmen außer den, der aus dem Königsthing
hervorgeht!*«

-Zeit der Krähen

Aus den Augenwinkeln sah er etwas Grünes aufblitzen, backbord voraus, und ein Nest sich windender smaragdgrüner Schlangen erhob sich brennend und zischend vom Heck der *Königin Alysanne.* Kurz darauf hörte Davos einen entsetzten Schrei: *»Seefeuer!«*

*-Die Saat des Goldenen Löwen*

»Einst habe es zwei Monde am Himmel gegeben, doch einer
sei der Sonne zu nah gekommen und von der Hitze geborsten.
Tausende von Drachen strömten herbei und tranken die
Flammen der Sonne. Deshalb speien Drachen Feuer. Eines Tages
wird auch der andere Mond die Sonne küssen, dann wird auch
er bersten, und die Drachen kehren zurück.«

*-Die Herren von Winterfell*

»Das ist keine Missgeburt«, sagte Jon ganz ruhig. »Es ist ein Schattenwolf. Die werden größer als jede andere Rasse.«
Theon Graufreud sagte: »Seit zweihundert Jahren hat man keinen Schattenwolf mehr südlich der Mauer gesehen.«
»Jetzt sehe ich einen«, erwiderte Jon.

-Die Herren von Winterfell

*Dunkle Schwingen, dunkle Worte,* sagte die Alte Nan immer,
und in letzter Zeit hatten die Briefraben den Wahrheitsgehalt dieses
Sprichwortes bewiesen.

                              *-Die Herren von Winterfell*

»Unsere Mauern bestehen aus Holz und violetter Farbe«,
erklärte er ihr. »Unsere *Galeeren* sind unsere Mauer.
Eine andere brauchen wir nicht.«

*-Zeit der Krähen*

Er saß hoch oben auf dem mächtigen, uralten Thron Aegons
des Eroberers, einer eisernen Monstrosität aus Stacheln
und gezackten Rändern und grotesk verformtem Metall.
Der Stuhl war, wie Robert ihn gewarnt hatte, höllisch
unbequem.

*-Das Erbe von Winterfell*

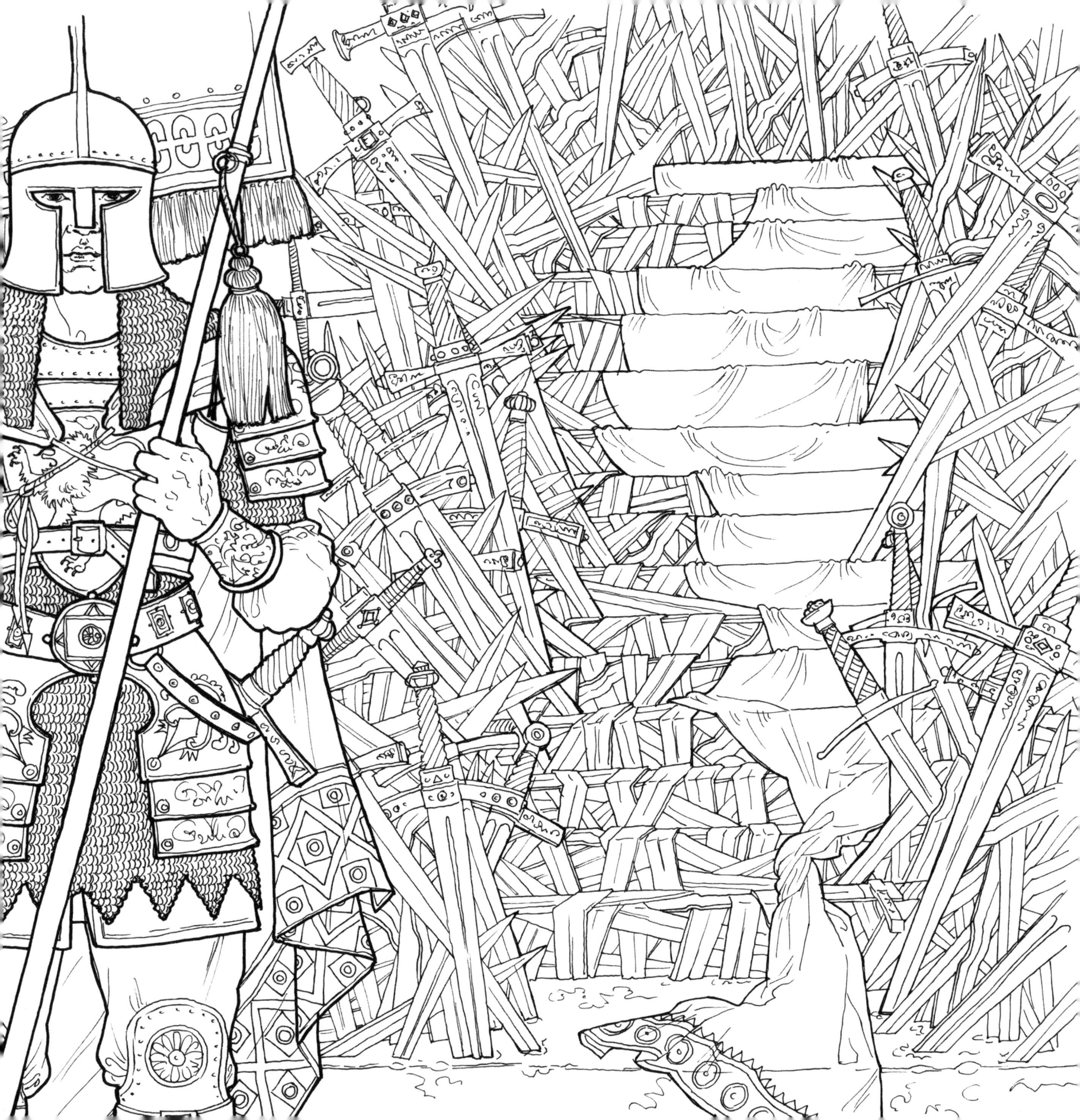

Der Audienzsaal der Hand war kleiner als der des Königs
und mit dem riesigen Thronsaal nicht im Mindesten zu vergleichen,
aber Tyrion gefielen die myrischen Teppiche und Wandbehänge
und die Intimität, die der Raum ausstrahlte.

*-Der Thron der Sieben Königreiche*

Pfauen wurden in ihrem Federkleid serviert, am Stück gebraten und mit Datteln gefüllt.

-*Die Königin der Drachen*

Eine Reihe Ochsenkarren rollte unter dem Fallgitter hindurch. *Plündergut,* erkannte sie sofort. Die Reiter, die die Karren eskortierten, redeten in seltsamen Sprachen. Ihre Rüstungen glänzten bleich im Mondlicht, und Arya entdeckte zwei schwarzweiß gestreifte Pferde. *Der Blutige Mummenschanz.* Sie zog sich ein wenig tiefer in den Schatten zurück und beobachtete, wie ein riesiger schwarzer Bär in einem Käfig auf einem der Wagen hereingerollt wurde. Andere Karren waren mit Silbertellern, Waffen und Schilden, Mehlsäcken, quiekenden Schweinen, hageren Hunden und Hühnern beladen.

*-Die Saat des Goldenen Löwen*

Magister Illyrio murmelte einen Befehl, und vier stämmige Sklaven eilten vor, trugen zwischen sich eine große, bronzebeschlagene Zederntruhe. Als sie diese öffnete, fand sie Stapel vom feinsten Samt und Damast, den es in den Freien Städten gab … und darauf ruhten – auf weichem Tuch aneinandergeschmiegt – drei übergroße Eier. Dany hielt den Atem an. Nie zuvor hatte sie etwas Schöneres gesehen. Jedes war anders als die anderen, mit Mustern in derart dunklen Farben, dass sie anfangs glaubte, sie seien mit Juwelen besetzt, und so groß, dass sie beide Hände brauchte, um eines davon festzuhalten.

-Die Herren von Winterfell

*Er gibt mir das Schwert seines Sohnes.* Jon konnte es kaum fassen. Die Klinge war wunderbar ausgewogen. Die Schneiden glitzerten leicht, als das Licht sie küsste.

-Das Erbe von Winterfell

Wer seid Ihr, rief der stolze Lord, dass ich mich soll verbeugen?

Nur eine Katze in anderem Fell, so ist's, ihr sollt's bezeugen.

Ob in goldnem oder rotem Mantel, es ist doch stets das Gleiche.

Löwen haben Fänge,

und meine sind auch lang und spitz, Mylord, sie haben Eure Länge.

Und so sprach er, ja, so sprach er, der Lord von Castamaer.

Nun weint der Regen über seiner Burg, und keiner hört ihn mehr.

Nun weint der Regen über seiner Burg,

und niemand hört ihn mehr.

-Die Königin der Drachen

Die Große Halle von Winterfell war von Rauch vernebelt.
Schwer hing der Duft von geröstetem Fleisch und frisch
gebackenem Brot in der Luft. Die grauen Steinwände waren
mit Bannern verziert. Weiß, Gold, Rot: der Schattenwolf
von Stark, Baratheons gekrönter Hirsch, der Löwe von Lennister.

-Die Herren von Winterfell

# Über die Illustratoren

## John Howe

arenaillustration.com/portfolios/john-howe

JOHN HOWE wurde in Britisch-Kolumbien geboren und wuchs auch dort auf. Er studierte Kunst an der *Ecoles des Arts Décoratifs de Strasbourg*. Heute lebt und arbeitet er als Illustrator in der Schweiz. John ist ein weltbekannter Fantasymaler und arbeitete unter anderem als *Lead Concept Artist* an Peter Jacksons Filmtrilogien *Der Herr der Ringe* und *Der Hobbit*.
Von ihm stammen die Illustrationen auf den Seiten: 37, 45, 57, 59, 71, 77, 87, 89, 91, 93

## Levi Pinfold

levipinfold.com

LEVI PINFOLD ist seit über zehn Jahren Illustrator von Fantasy- und Kinderbüchern. Für *Der schwarze Hund* wurde er mit der *Kate Greenaway Medal* ausgezeichnet. Er lebt in Queensland, Australien.
Von ihm stammen die Illustrationen auf den Seiten: 29, 31, 41, 49, 65, 67, 85

## Adam Stover

worldofadam.com

ADAM STOVER ist berühmt für seine Cover und seine Schwarz-Weiß-Zeichnungen. Er ist außerdem ein erfolgreicher Illustrator für Kinderbücher, von denen er zahlreiche selbst geschrieben hat. Er lebt in Brighton, Großbritannien.
Von ihm stammen die Illustrationen auf den Seiten: 43, 47, 69, 73, 75, 81

## Yvonne Gilbert

alanlynchartists.com/#!yvonne-gilbert/c172o

YVONNE GILBERT hat bereits alles illustriert, von Kinderbüchern über Briefmarken und Poster bis hin zu Plattencover. Ihre Liebe zu Märchen und Geschichte hat dazu geführt, dass sie eine begehrte Designerin und Illustratorin für Verlage überall auf der Welt wurde. Sie lebt in Toronto, Kanada.
Von ihr stammen die Illustrationen auf den Seiten: Cover, 23, 25, 27, 33, 39, 49, 55, 61, 63, 79


## Tomislav Tomić

tomislavtomic.com

TOMISLAV TOMIĆ graduierte 2001 an der Akademie der feinen Künste in Zagreb. Seine große Leidenschaft gilt Bilderbüchern, die er bereits seit seiner Schulzeit erfolgreich veröffentlicht. Er lebt mit seiner Familie in Kroatien.
Von ihm stammen die Illustrationen auf den Seiten: 5, 7, 9, 11, 13, 15, 17, 19, 21, 35, 53, 83

# Tauchen Sie ein in die Welt von

## GRRM
## — BY —
## penhaligon

»Tolkiens Bücher werden in 3D verfilmt.
Martin schreibt in 3D.«
*Frankfurter Allgemeine Sonntagszeitung*

| DAS OFFIZIELLE MALBUCH | ÜBERARBEITETE NEUAUSGABE | UNGETEILTE AUSGABE | ERWEITERTE NEUAUSGABE |
|---|---|---|---|

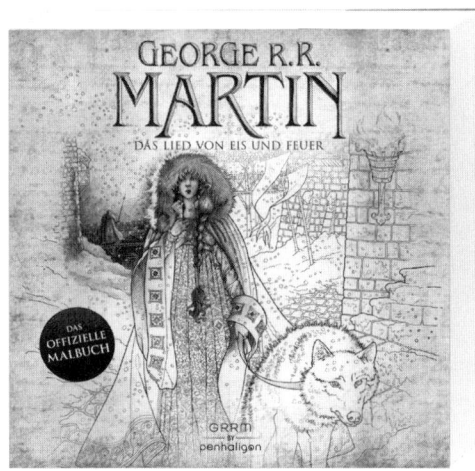

978-3-7645-3155-3
Ab März 2016 im Handel
ca. € 11,99 [D] | € 12,40 [A] | CHF 16,50

978-3-7645-3151-5
Ab Februar 2016 im Handel
ca. € 14,99 [D] | € 15,50 [A]
CHF 20,50

978-3-7645-3152-2
Ab März 2016 im Handel
ca. € 29,99 [D] | € 30,90 [A]
CHF 39,90

978-3-7645-3153-9
Ab Juni 2016 im Handel
ca. € 14,99 [D] | € 15,50 [A]
CHF 20,50